COLLECTION FOLIO

Stefan Zweig

Était-ce lui ?

précédé de

Un homme qu'on n'oublie pas

Traduit de l'allemand (Autriche)
par Laure Bernardi
et Isabelle Kalinowski

Gallimard

Ces nouvelles sont extraites de *Romans, nouvelles et récits*, tome II (Bibliothèque de la Pléiade, Éditions Gallimard).

Stefan Zweig naît à Vienne le 28 novembre 1881. Issu d'une famille aisée appartenant à la communauté juive, il a tout loisir de poursuivre ses études supérieures en philosophie et en histoire de la littérature, qui déboucheront sur un doctorat en philosophie. Grand amateur de voyages, il parcourt l'Europe (Belgique, France, Espagne, Italie, Angleterre, Écosse, Pays-Bas) et se rend en Algérie, avant de partir pour un long périple en Birmanie, à Ceylan et en Inde. En 1912, il fait la connaissance de sa future femme, la romancière Friderike Maria Burger. Il a alors déjà publié deux recueils de poèmes et plusieurs nouvelles parmi lesquelles *L'amour d'Erika Ewald* et *Le voyage*. Durant la Première Guerre mondiale, il est affecté au service des archives militaires : son expérience du conflit développera son pacifisme, inébranlable et maintes fois réaffirmé, et qui le conduira à s'associer au mouvement pacifiste international fin 1917. Installé à Salzbourg après la guerre, Zweig est un pilier de la vie intellectuelle autrichienne, et son œuvre acquiert une renommée internationale. Traducteur (Baudelaire, Verlaine, Émile Verhaeren, Romain Rolland), poète, dramaturge, auteur d'un livret d'opéra pour Richard Strauss – *La femme silencieuse* –, c'est surtout en tant que nouvelliste qu'il rencontre une très large audience, des recueils comme *Amok* ou *La confusion des sentiments* connaissant un succès considérable. Influencé par la psychanalyse de Freud, auquel il consacre un essai intitulé *La guérison par l'esprit,* Zweig est un maître de l'analyse psychologique, qui se déploie dans ses nouvelles comme dans ses essais littéraires critiques – tels *Trois maîtres,* consacré à Balzac, Dickens et Dostoïevski, ou encore *Trois poètes de leur vie,* sur Stendhal, Casanova et Tolstoï – et ses biographies romancées – parmi lesquelles *Fouché, Marie-Antoinette, Marie Stuart, Montaigne.* Désespéré par l'arrivée au pouvoir d'Hitler, et par le sort réservé aux Juifs sous l'égide du pouvoir nazi, Zweig émigre en Angleterre en 1934. Il poursuit néanmoins son activité littéraire et intellectuelle et part pour une tournée de conférences aux États-Unis. En 1937 est publié à Vienne *La pitié dangereuse,* son seul roman achevé. Séparé de son épouse, ayant vendu sa maison de Salzbourg, il voyage sans cesse. En 1938, Zweig est déchu de sa nationalité autrichienne à la suite de l'annexion de l'Autriche par l'Allemagne. La nationalité britannique lui est accordée en mars 1940, mais Zweig souffre et se considère comme apatride. Après une série de conférences à Paris, à New York et en Amérique du Sud, il s'installe au Brésil avec sa nouvelle épouse, Lotte Altmann. Il écrit son autobiographie, *Le monde d'hier.* La nouvelle intitulée *Le joueur d'échecs* sera sa dernière œuvre : Zweig ne veut plus vivre dans un monde dominé par les nazis dont la victoire finale lui semble inévitable, dans lequel sa « patrie spirituelle, l'Europe, s'est détruite elle-même ». Pessimiste, déprimé, il se suicide avec sa femme en absorbant des médicaments.

Découvrez, lisez ou relisez les livres de Stefan Zweig :

NOUVELLE DU JEU D'ÉCHECS, traduit de l'allemand par Jean-Pierre Lefebvre (Folio n° 479)

LE JOUEUR D'ÉCHECS, traduit de l'allemand par Olivier Mannoni (Folio Bilingue n° 185)

NOUVELLE DU JEU D'ÉCHECS, traduit de l'allemand par Bernard Lortholary (Folio Classique n° 5642 et Folioplus classiques n° 263)

AMOK (Folio Classique n° 5643 et Folio Bilingue n° 194)

VINGT-QUATRE HEURES DE LA VIE D'UNE FEMME (Folio Classique n° 5661)

ANGOISSES (Folio Classique n° 5662)

DÉCOUVERTE INOPINÉE D'UN VRAI MÉTIER (Folio 2 € n° 5905)

LE MONDE D'HIER (Folio essais n° 616)

BRÛLANT SECRET (Folio 2 € n° 6418)

Un homme qu'on n'oublie pas

Histoire vécue

Je serais un ingrat si j'oubliais l'homme qui m'a enseigné deux des choses les plus difficiles de la vie : premièrement, ne pas me soumettre au plus grand des pouvoirs de ce monde, le pouvoir de l'argent, et lui opposer ma pleine liberté intérieure ; deuxièmement, vivre parmi mes semblables sans me faire ne serait-ce qu'un seul ennemi.

J'ai fait la connaissance de cet homme singulier d'une façon très simple. Un après-midi – j'habitais alors une petite ville – je sortis pour faire une promenade avec mon épagneul. Soudain, le chien commença à se comporter bizarrement. Il se roulait sur le sol et grattait les arbres, aboyait et grognait sans cesse.

Je me demandais ce qui pouvait bien lui arriver lorsque je m'aperçus que quelqu'un marchait à côté de moi – un homme d'une trentaine d'années, vêtu pauvrement, sans faux col ni chapeau. Un mendiant, pensai-je, et j'étais sur le point de porter la main à ma poche. Mais l'étranger me sourit très posément et fixa sur moi ses yeux bleus au regard clair, comme une vieille connaissance.

« Ce pauvre animal a un problème », me dit-il, en désignant le chien. « Allez, viens, on va trouver tout de suite ce qui ne va pas. »

Il me tutoyait comme si nous étions bons amis ; il émanait de son être quelque chose de si aimable et de si chaleureux que je ne fus pas choqué par cette familiarité. Il se dirigea vers un banc ; je le suivis et m'assis à côté de lui. Il siffla fort pour appeler le chien.

Et voici le plus singulier : mon Gaspard, qui se montrait en général on ne peut plus suspicieux à l'égard des étrangers, s'approcha et posa docilement sa tête sur les genoux de l'inconnu. Celui-ci commença à examiner le pelage du chien de ses longues mains délicates. Pour finir, il poussa un « Aha » de satisfaction et entreprit une opération visiblement très douloureuse, car Gaspard aboya plusieurs fois. Pourtant, il ne manifesta pas l'intention de s'enfuir. Soudain, l'homme le libéra.

« Ça y est », dit-il en souriant. Il tenait quelque chose dans sa main levée. « Tu peux de nouveau courir, mon chien. » Le chien repartit, l'étranger se leva, salua d'un signe de tête et s'en fut. Il disparut si promptement que je n'eus même pas le temps de le récompenser de ses efforts, ni même de le remercier. Il était reparti comme il était venu, avec la même évidence et la même détermination.

De retour chez moi, je pensais encore à l'étrange comportement de cet homme et relatai cette rencontre à ma vieille cuisinière.

« C'est Anton, dit-elle. Il a un œil pour ces choses-là. »

Je lui demandai quel était le métier de cet homme et ce qu'il faisait pour gagner sa vie.

Comme si ma question était hors de propos, elle répondit :

« Rien du tout. Un métier ? Mais que voulez-vous qu'il fasse d'un métier ?

— Très bien, répondis-je, mais enfin, il doit bien vivre d'une activité quelconque ?

— Anton n'est pas comme ça, dit-elle. Tout le monde lui donne ce dont il a besoin.

L'argent lui est complètement indifférent. Il peut parfaitement s'en passer. »

Curieux personnage, vraiment. Dans cette petite ville, comme dans toutes les petites villes du monde, il fallait de l'argent pour payer la moindre tranche de pain et le moindre verre de bière. Il fallait payer sa chambre et ses vêtements. Comment cet homme insignifiant, avec son costume élimé, s'y prenait-il pour contourner une loi si fermement établie et vivre heureux et sans souci ?

Je décidai de percer le secret de son activité et ne tardai pas à constater que ma cuisinière avait raison. Effectivement, cet Anton n'avait pas de métier précis. Il se contentait d'errer dans la ville du matin au soir, apparemment sans but, mais il observait tout de son œil vigilant. Il arrêtait le cocher d'une voiture et lui faisait remarquer que son cheval était mal attelé. Ou il se rendait compte que, dans une clôture, un piquet était vermoulu ; il appelait le propriétaire et lui conseillait de la réparer. Le plus souvent, on lui confiait la tâche en question, car on savait qu'il ne donnait jamais de conseils par intérêt, mais par amitié sincère.

Combien de tâches ne lui ai-je pas vu remplir chez les uns et les autres ! Un jour, je le trouvai en train de ressemeler des chaussures chez un cordonnier ; une autre fois, il faisait le service pour un repas ; ailleurs, il emmenait des enfants en promenade. Je découvris que tout le monde s'adressait à Anton quand un problème se présentait. Un jour, je le vis au marché vendre des pommes au milieu des chalands ; j'appris que la propriétaire du stand était sur le point d'accoucher et lui avait demandé de la remplacer.

Dans toutes les villes, il se trouve des gens qui réalisent des travaux de tous ordres. Mais ce qu'il y avait de singulier chez Anton, c'est que, si ardue que fût la tâche, il refusait toujours catégoriquement de recevoir davantage que ce dont il avait besoin pour la journée. Lorsque ses affaires allaient bien, il n'acceptait même pas de salaire.

« Je reviendrai vous voir si un jour j'ai vraiment besoin de quelque chose », disait-il.

Je compris vite que cet étonnant petit homme, si serviable et si démuni, avait inventé tout seul un système économique entièrement nouveau. Il comptait sur l'honnêteté de ses congénères. Au lieu de placer de l'argent à la caisse d'épargne, il préférait s'assurer auprès de son entourage un avoir d'obligations morales. Il avait un petit pécule placé, pour ainsi dire, en crédits invisibles. Même les êtres les plus froids ne pouvaient manquer de se sentir des obligations à l'égard d'un homme qui leur offrait ses services comme une faveur amicale, sans jamais leur demander de rétribution en échange.

Il suffisait de voir Anton dans la rue pour se faire une idée de l'estime dont il jouissait. Tout le monde le saluait affectueusement, lui tendait la main. Cet homme simple et sans façons, avec son costume élimé, arpentait la ville comme un grand propriétaire qui surveille ses terres avec une mine affable et généreuse. Toutes les portes lui étaient ouvertes, et il pouvait s'asseoir à n'importe quelle table, tout était à sa disposition. Jamais je n'ai compris aussi clairement le pouvoir que peut exercer un homme qui ne s'inquiète pas du lendemain mais s'en remet simplement à Dieu.

Je dois avouer, à vrai dire, que je fus d'abord froissé lorsque, après l'histoire du chien, Anton se contenta de me saluer en passant d'un petit signe de la tête, comme si je n'avais été pour lui qu'un étranger parmi d'autres. À l'évidence, il ne souhaitait pas que je le remercie pour le petit service qu'il m'avait rendu. De mon côté, cependant, je me sentais exclu d'une grande communauté amicale par cette politesse sans malice. Un jour où j'eus à faire une réparation dans la maison – une gouttière percée – j'engageai ma cuisinière à envoyer chercher Anton.

« L'envoyer chercher, mais ce n'est pas évident ! Il ne reste jamais longtemps au même endroit. Je peux lui faire savoir qu'on le cherche. » Telle fut sa réponse.

C'est ainsi que j'appris que cet être singulier n'avait pas de maison. Pourtant, rien n'était plus facile que de le trouver, une sorte de télégraphe sans fil semblait le relier à toute la ville. On pouvait dire à la première personne qu'on croisait : « Il se pourrait bien que j'aie besoin d'Anton. » L'appel se transmettait de bouche à oreille jusqu'à ce qu'on le rencontre par hasard. Effectivement, il vint chez moi le matin même. Il promena partout son regard scrutateur, me fit observer, en traversant le jardin, qu'il fallait redresser une haie et qu'un jeune arbre aurait gagné à être transplanté.

Pour finir, il examina la gouttière et se mit au travail.

Deux heures plus tard, il déclara que tout était réparé et s'en alla – une fois encore sans que j'aie pu le remercier. Cette fois, cependant, j'avais chargé la cuisinière de le payer décemment. Je lui demandai si Anton avait été content.

« Mais bien entendu, dit-elle en réponse, il est toujours satisfait. Je voulais lui donner six schillings mais il n'en a pris que deux. Cela lui suffisait pour aujourd'hui et demain. Cela dit, si Monsieur le docteur avait un vieux manteau à lui donner – ce sont ses termes. »

Je peux difficilement décrire le plaisir que me procura l'opportunité de satisfaire le vœu de cet homme – la première personne que j'aie connue de ma vie à accepter moins que ce qu'on lui proposait. Je courus le rattraper.

« Anton, Anton ! criai-je en descendant la rue, j'ai un manteau pour toi ! »

De nouveau, mes yeux rencontrèrent son regard calme et lumineux. Il n'était pas le moins du monde étonné que je lui aie couru après. Pour lui, il était tout naturel qu'un homme possédant un manteau en trop le cédât à quelqu'un qui en avait absolument besoin.

Ma cuisinière fut chargée de passer en revue toutes mes vieilles affaires. Anton regarda le tas de vêtements, prit un manteau, l'essaya et dit très posément : « Celui-ci serait parfait pour moi ! »

Il le dit avec la mine de quelqu'un qui fait son choix parmi les articles qu'on lui présente dans un magasin. Puis il jeta encore un œil sur les autres vêtements.

« Ces chaussures, tu pourrais les donner à Fritz, dans la Salsergasse, il en a sacrément besoin ! Et ces chemises, à Joseph, dans la Grand-Rue, il en ferait son affaire. Si tu es d'accord, je les emporte en ton nom. »

Il me dit cela avec le ton chaleureux d'un homme qui accorde spontanément une faveur à quelqu'un. J'avais le sentiment de ne pouvoir que lui être reconnaissant de distribuer mes affaires à des gens que je ne connaissais ni d'Ève ni d'Adam. Il emballa les chaussures et les chemises et dit encore :

« Tu es vraiment un type bien, de donner tout ça ! »

Puis il disparut.

En réalité, jamais la critique élogieuse d'un de mes livres ne me fit autant plaisir que ce compliment simple. Des années plus tard, je pensais encore à Anton avec beaucoup de gratitude, car personne d'autre, peut-être, ne m'a rendu un tel service du point de vue moral. Souvent, lorsque je m'emportais pour des broutilles matérielles, je me rappelais cet homme qui vivait au jour le jour, tranquille et confiant, et ne voulait jamais davantage que le nécessaire pour la journée. À chaque fois, je parvenais à la même conclusion : si tout le monde se faisait confiance, il n'y aurait pas de police, pas de tribunaux, pas de prisons et… pas d'argent. Notre vie économique si complexe ne serait-elle pas améliorée si tous vivaient comme cet homme, qui se donnait tout entier et ne prenait que ce dont il avait besoin ?

Bien des années ont passé et je ne sais pas ce qu'Anton est devenu. Mais c'est bien la dernière personne pour laquelle il y a à s'inquiéter : Dieu ne l'abandonnera jamais et, chose plus rare, les hommes non plus.

Était-ce lui ?

Personnellement, je suis quasiment certaine que c'est lui l'assassin, mais il me manque la preuve ultime, la preuve inébranlable. « Betsy, me dit toujours mon mari, tu es une femme intelligente, tu es prompte et pénétrante dans tes observations, mais tu te laisses emporter par ton tempérament entier, et tu es souvent trop hâtive dans tes jugements. » Après tout, mon mari me connaît depuis trente-deux ans, et il est possible, et même vraisemblable qu'il ait raison de me semoncer ainsi. Il me faut donc me faire violence, puisque cette preuve ultime me fait défaut, et faire taire mes soupçons auprès de tous les autres. Mais chaque fois que je le rencontre et qu'il s'avance vers moi de son air bonhomme et amène, mon cœur se fige. Et une voix intérieure me dit : c'est lui, et lui seul, l'assassin.

Je vais donc essayer de reconstituer une fois encore, en mon for intérieur et pour moi seule, la succession complète des événements. Il y a environ six ans, quand mon mari eut achevé de servir dans les colonies comme haut fonctionnaire du gouvernement, nous décidâmes de nous retirer dans un coin tranquille de la province anglaise afin d'y couler paisiblement – nos enfants sont mariés depuis longtemps –, au milieu des petits bonheurs de l'existence tels les fleurs et les livres, le restant de nos jours déjà un peu marqués par la fraîcheur du soir de la vie. Notre choix se porta sur une petite localité rurale située à proximité de Bath. De cette vénérable cité part un petit cours d'eau paisible qui, après s'être faufilé sous toutes sortes de ponts, s'étire vers la vallée toujours verte de Limpley Stoke : le canal Kennet-Avon. Il y a plus d'un siècle, cette voie navigable avait été équipée somptueusement et à grands frais de quantité d'écluses de bois et de maisons de garde-canal pour assurer le transport du charbon de Cardiff jusqu'à Londres. Sur les chemins étroits de part et d'autre du canal, des chevaux au pas lourd halaient paisiblement les larges chalands noirs tout au long du trajet. C'était une installation d'envergure, fort prometteuse pour une époque qui n'accordait encore que peu de valeur au temps. Mais là-dessus, le chemin de fer arriva, qui transportait plus vite, moins cher et plus commodément la noire cargaison vers la capitale. Le trafic ralentit, on congédia les éclusiers, le canal revint à l'état sauvage et les eaux y stagnèrent, et c'est précisément cet abandon total dans lequel il fut laissé et son inutilité même qui le rendent aujourd'hui si romantique et magique. Dans les eaux noires stagnantes, les algues du fond montent vers la surface, si nombreuses que la surface a l'éclat vert sombre de la malachite ; des nénuphars colorés se balancent sur la surface lisse dont l'immobilité dormante reflète avec une fidélité photographique les berges fleuries, les ponts et les nuages ; de temps à autre, amarrée à la rive, à demi submergée et déjà tapissée d'une végétation colorée, on aperçoit une vieille barque cassée datant de ce passé industrieux, et les clous de métal des écluses sont depuis longtemps rouillés et recouverts d'une mousse épaisse. Personne ne se soucie plus de ce vieux canal, les curistes de Bath eux-mêmes le connaissent à peine, et quand nous autres vieilles gens nous en allions sur le chemin plat qui le borde et d'où les chevaux autrefois tiraient péniblement les chalands au bout de longues cordes, nous passions des heures sans rencontrer personne qu'un couple d'amoureux furtif cherchant en ce lieu reculé à soustraire aux ragots des voisins un bonheur tout neuf, non encore cimenté par des fiançailles ou un mariage.

C'est justement ce tranquille cours d'eau romantique au cœur d'un paysage doux et vallonné qui nous plut au-delà de toute mesure. Nous nous achetâmes un terrain au beau milieu de nulle part, à un endroit où la colline de Bathampton redescend gentiment jusqu'au canal en une prairie luxuriante. Nous bâtîmes sur le haut du terrain une petite maison de campagne depuis laquelle un jardin traversé d'agréables sentiers bordés de fruits, de légumes et de fleurs descendait jusqu'au canal, de sorte que lorsque nous étions assis dehors, au bord de l'eau, sur notre petite terrasse, nous pouvions encore contempler prairie, maison et jardin sur le miroir d'eau. La maison était plus calme et confortable encore que je l'avais rêvé, et je ne me plaignais que de ce qu'elle fût un peu isolée, sans aucun voisin. « Ils viendront, me consolait mon mari, quand ils verront comme nous sommes bien ici. » Et, de fait, nos jeunes pêchers et nos pruniers avaient à peine démarré qu'apparaissaient déjà des signes de ce qu'on construisait dans le voisinage, tout d'abord des agents affairés, puis des géomètres, et après eux maçons et charpentiers. En l'espace d'une dizaine de semaines, une maisonnette à rouge bonnet de tuiles vint gentiment se poser à côté de la nôtre ; et pour finir, le camion de déménagement arriva avec les meubles. Nous entendions continuellement taper et cogner dans le silence environnant, mais nous n'avions toujours pas vu nos voisins.

Un matin, on frappa à notre porte. Une jolie femme toute menue, avec un regard chaleureux et intelligent, qui devait avoir vingt-huit ou vingt-neuf ans tout au plus se présenta comme la voisine et pria qu'on voulût bien lui prêter une scie ; les ouvriers avaient oublié la leur. Nous engageâmes la conversation. Elle raconta que son mari travaillait à Bristol dans une banque, mais que tous deux souhaitaient depuis longtemps vivre un peu à l'écart et davantage à la campagne, et qu'un dimanche où ils se promenaient le long du canal, notre maison les avait aussitôt conquis. Bien sûr, pour son mari, cela représentait matin et soir une heure de trajet porte à porte, mais il allait se débrouiller pour trouver de la compagnie en chemin et s'y habituerait vite. Nous lui rendîmes sa visite le lendemain. Elle était encore seule à la maison et raconta gaiement que son mari ne la rejoindrait que quand tout serait terminé. En attendant, elle n'aurait su qu'en faire et puis, en fin de compte, rien ne pressait. Je ne sais pourquoi, mais l'air indifférent, presque satisfait avec lequel elle parlait de l'absence de son mari ne me plut pas. Et quand nous fûmes seuls à table chez nous, j'observai qu'elle ne semblait pas faire grand cas de lui. Mon époux me dit que j'avais tort de toujours porter des jugements aussi hâtifs, il trouvait cette femme fort sympathique, intelligente et agréable, et espérait qu'il en allait de même du mari.

Quoi qu'il en soit, il ne se passa pas longtemps avant que nous fissions connaissance.

Le samedi soir, alors que nous quittions la maison pour notre promenade habituelle, nous entendîmes courir pesamment derrière nous, et en nous retournant nous nous trouvâmes nez à nez avec un grand gaillard à la mine enjouée qui nous tendit une large main rouge couverte de taches de rousseur. Il se présenta comme le nouveau voisin et nous dit qu'il avait appris combien nous avions été aimables avec sa femme. Bien entendu, il n'était guère convenable de nous courir ainsi après en bras de chemise sans nous avoir tout d'abord rendu de visite formelle. Mais son épouse lui avait dit tant de bien de nous qu'il n'aurait pas supporté de différer d'une minute ses remerciements. Il était donc là, John Charleston Limpley – n'était-il pas formidable qu'on eût par anticipation appelé la vallée Limpley Stoke en son honneur, avant même qu'il pût pressentir qu'il chercherait un jour à s'établir en ces lieux ? – enfin, toujours est-il qu'il était là désormais, et espérait y rester aussi longtemps que Dieu lui prêterait vie. Il trouvait l'endroit plus magnifique qu'aucun lieu en ce monde et tenait à nous assurer du fond du cœur qu'il serait un bon voisin, et un voisin correct. Il parlait si vite, avec tant de fougue et en un flot si continu qu'on n'avait guère l'occasion de l'interrompre. J'eus donc du moins tout le loisir de l'examiner sous toutes les coutures. Ce Limpley était un véritable colosse d'au moins six pieds de haut, et ses épaules carrées auraient fait la fierté d'un débardeur ; mais comme c'est souvent le cas des géants, il faisait montre d'une gentillesse enfantine. Ses yeux étroits un peu humides vous témoignaient sous leurs paupières rougies une confiance entière. Il riait en parlant et ne cessait de découvrir ses dents blanches et étincelantes ; il ne savait que faire de ses grosses mains gauches et avait du mal à les tenir en place ; on sentait qu'il aurait aimé vous les claquer sur les épaules dans un grand geste de camaraderie, et à défaut, pour se libérer de son énergie, il faisait craquer un peu ses doigts aux articulations. Souffririons-nous qu'il nous accompagne dans notre promenade, tel qu'il était là, en bras de chemise ? Nous acquiesçâmes, et il se mit à marcher avec nous et à nous raconter pêle-mêle qu'il descendait d'une lignée d'Écossais du côté maternel, mais avait grandi au Canada ; à intervalles réguliers il désignait un arbre en pleine santé ou un joli talus et nous disait combien tout cela était magnifique, incomparablement magnifique. Il parlait, il riait ; il s'enthousiasmait presque sans répit ; il émanait de cet homme solide, sain, plein de vie, un torrent vivifiant d'énergie et de bonheur qui vous emportait malgré vous. Quand nous finîmes par prendre congé, nous étions tous deux conquis par sa chaleur. « Cela fait bien longtemps que je n'ai pas rencontré quelqu'un d'aussi chaleureux et entier », dit mon mari, d'ordinaire si prudent et réservé dans les jugements qu'il portait sur les gens comme je l'ai déjà mentionné précédemment.

Mais il ne se passa pas longtemps avant que la joie que nous avait d'abord procurée notre nouveau voisin commence à s'atténuer sensiblement. Humainement, il n'y avait pas le moindre reproche à faire à Limpley. Il était d'une bonne humeur confinant à l'euphorie, il était généreux et si prévenant qu'on était, de fait, forcé de décliner continuellement ses propositions ; en outre, il était très correct, bonhomme, ouvert, et loin d'être idiot. Mais il se rendait presque insupportable par cette façon sonore, bruyante qu'il avait d'être perpétuellement heureux. Ses yeux humides rayonnaient toujours de satisfaction à propos de tout et du reste. Tout ce qui lui appartenait, tout ce à quoi il avait affaire était magnifique, était *wonderful* ; son épouse était la meilleure épouse du monde, ses roses les plus belles roses, sa pipe la meilleure des pipes, agrémentée du meilleur des tabacs. Il était capable d'argumenter un quart d'heure durant auprès de mon mari pour lui prouver qu'on ne pouvait bourrer une pipe que de la façon exacte qu'il avait de la bourrer, et que son tabac coûtait un penny de moins et était pourtant meilleur que celui des marques les plus onéreuses. Bouillonnant continuellement d'un enthousiasme débordant à propos de choses dérisoires, banales et évidentes, il éprouvait le besoin de justifier et d'expliquer par le menu ces engouements insignifiants. Jamais le moteur tonitruant qui l'habitait ne se taisait. Limpley était incapable de travailler dans son jardin sans chanter à tue-tête, de parler sans rire et gesticuler, incapable de lire le journal sans bondir de son siège et venir nous trouver chaque fois qu'il lisait une nouvelle qui le faisait réagir. Ses larges mains couvertes de taches de rousseur étaient toujours agressives comme l'était son grand cœur. Il ne lui suffisait pas de flatter le moindre cheval rencontré du plat de la main et de caresser tous les chiens, il fallait aussi que mon mari, qui avait pourtant bien vingt-cinq ans de plus que lui, souffrît lorsqu'ils étaient tranquillement assis l'un à côté de l'autre les tapes qu'il lui donnait sur le genou dans une manifestation de camaraderie ingénue toute canadienne. Et comme il s'impliquait en chaque chose de tout son cœur ardent, exultant et débordant de sentiments au point d'être toujours au bord de l'explosion, il considérait également l'implication des autres comme une évidence, et il fallait inventer des centaines de petites ruses pour se soustraire à sa générosité insistante. Il ne respectait ni le repos ni le sommeil des autres : avec son énergie sans borne il était incapable de concevoir que quelqu'un pût être fatigué ou mal disposé, et l'on aurait secrètement souhaité lui administrer une injection quotidienne de bromure pour ramener à des proportions normales sa vitalité éclatante mais à peine supportable. Je surpris plusieurs fois mon mari, après que

Limpley avait passé une heure assis au salon avec nous – il n'était d'ailleurs pas assis mais ne cessait de se lever et de se précipiter d'un bout à l'autre du salon –, en train d'ouvrir instinctivement la fenêtre, comme si la pièce avait été surchauffée par la présence de cet homme dynamique et à certains égards quasi barbare. Tant qu'on était en face de lui et qu'on plongeait le regard dans ses yeux clairs et bons, voire dégoulinants de bonté, il était impossible de lui en vouloir ; ce n'est qu'ensuite qu'on se rendait compte, à l'épuisement ressenti, qu'on aurait voulu l'envoyer au diable. Jamais, avant de connaître Limpley, jamais nous autres vieilles gens n'avions imaginé que des qualités aussi positives que la générosité, la gentillesse, la franchise et la chaleur des sentiments pussent vous pousser au désespoir par leur démesure intempestive.

D'ailleurs, je comprenais désormais ce qui m'avait d'abord été incompréhensible : ce n'était en rien un défaut d'affection de la part de sa femme si elle accueillait son absence avec une satisfaction si entière. Car c'était elle la vraie victime de sa tendance à l'outrance. Bien entendu il l'aimait passionnément, de même qu'il aimait passionnément tout ce qui lui appartenait ou lui était lié. C'était émouvant de voir la tendresse dont il l'entourait, la sollicitude avec laquelle il veillait sur elle ; il suffisait qu'elle toussote une fois pour qu'il parte en courant lui chercher un manteau ou tisonne dans la cheminée pour ranimer le feu, et quand elle allait en ville, il lui prodiguait des milliers de conseils comme si elle s'apprêtait à affronter un dangereux voyage. Jamais je n'ai entendu prononcer entre eux de propos désagréables, au contraire, il aimait lui rendre hommage et faire son éloge au point que c'en était embarrassant. Même en notre présence, il ne pouvait s'empêcher de la caresser et de lui passer la main dans les cheveux, et surtout d'énumérer toutes les qualités qu'on pût imaginer. Il pouvait demander subitement : « Avez-vous vu les petits ongles délicieux qu'a mon Ellen ? », et malgré ses protestations gênées, il lui fallait alors montrer ses mains. Après quoi il fallait que j'admire la dextérité avec laquelle elle arrangeait ses cheveux, et bien évidemment nous ne pouvions pas éviter de goûter la moindre petite confiture qu'elle avait préparée, et qui était selon lui incomparablement meilleure que celles des plus célèbres maisons d'Angleterre. Dans ces moments embarrassants, cette femme discrète et modeste gardait alors toujours les yeux baissés, mortifiée. Elle avait manifestement déjà renoncé à se défendre contre le comportement cyclonique de son époux. Elle le laissait parler, et raconter, et rire, parsemant tout au plus la conversation d'un « Ah » ou d'un « Oui » empreints de lassitude. « Ce n'est pas facile pour elle », dit un jour mon mari alors que nous rentrions chez nous. « Mais à vrai dire, on ne peut lui en vouloir de rien. C'est un homme profondément bon, et il est possible qu'elle soit heureuse avec lui.

— Au diable son bonheur à lui, dis-je avec amertume. C'est indécent d'être heureux avec tant d'ostentation et de se livrer avec une telle impudeur à une surenchère de sentiments. Je deviendrais folle si j'avais à subir une telle exubérance, une telle absence de retenue. Ne vois-tu donc pas qu'avec ses exultations et sa vitalité assassine il rend cette femme fort malheureuse ?

— Cesse de toujours exagérer », me sermonna mon mari, et de fait il avait raison.

La femme de Limpley n'était en aucun cas malheureuse, ou plutôt, elle ne l'était même plus. Elle était déjà incapable de ressentir quoi que ce fût distinctement, elle était tout bonnement paralysée et épuisée par cette débauche de vitalité. Quand Limpley le matin partait pour son *office* et que s'était éteint l'écho de son dernier « Au revoir » à la porte du jardin, j'observai qu'elle commençait par s'asseoir ou s'allonger sans rien faire, pour profiter simplement de cette chose inhabituelle qu'était le silence autour d'elle. Et par la suite, toute la journée, il subsistait dans ses mouvements quelque chose de légèrement las. Ce n'était pas facile de lier conversation avec elle, car de fait, en ces huit années qu'avait déjà duré son mariage, elle avait presque désappris l'usage de la parole. Un jour, elle me raconta comment ils en étaient venus à se marier. Elle vivait à la campagne, chez ses parents, il était passé par là alors qu'il faisait une excursion, et, avec son exaltation sauvage, il s'était fiancé avec elle et à vrai dire l'avait épousée avant qu'elle sût vraiment qui il était et quel métier il faisait. Il n'y avait rien, pas un mot, pas une syllabe par quoi cette femme discrète et aimable suggérât qu'elle ne fût pas heureuse, et pourtant, moi qui suis une femme, je compris très bien à sa façon d'éviter le sujet où le bât blessait dans ce mariage. La première année, ils avaient espéré un enfant, ainsi que la deuxième, puis la troisième ; enfin, au bout de six ou sept ans, ils avaient abandonné tout espoir, et désormais ses journées étaient trop vides, et ses soirées, en revanche, saturées par l'impétuosité potache de son époux. « Le mieux, pensai-je en silence, serait qu'elle prenne un enfant chez elle, ou qu'elle fasse du sport, ou se cherche quelque occupation. Cette inactivité ne peut que mener à la mélancolie, et cette mélancolie à son tour à une forme de haine envers cette gaieté provocante et épuisante pour tout être normal. Il faudrait quelqu'un, quelque chose auprès d'elle, sinon la tension deviendra trop forte. »

Or, le hasard voulut que depuis des semaines je fusse redevable d'une visite à une amie de jeunesse qui habitait Bath. Nous bavardâmes gentiment ; puis elle se souvint soudain qu'elle voulait me montrer quelque chose d'adorable, et elle m'emmena dans la cour. À l'intérieur d'une grange, dans la pénombre, je vis tout d'abord seulement s'agiter quelque chose dans la paille, tout en sauts et mouvements désordonnés. C'étaient quatre jeunes bouledogues de six ou sept semaines qui s'essayaient à progresser gauchement sur leurs larges pattes et tentaient de temps à autre un petit jappement grinçant. Ils étaient adorables, à trébucher ainsi pour sortir du panier où trônait leur mère, massive et suspicieuse. J'en soulevai un en l'attrapant par son surplus de poils doux ; c'était un chiot marron à taches blanches, et avec son ravissant museau retroussé, il faisait honneur au noble pedigree que me décrivit sa maîtresse. Je ne pus m'empêcher de jouer avec lui, de l'agacer, de le taquiner et de l'inciter à m'attraper maladroitement les doigts. Mon amie me demanda si je ne voulais pas le prendre, me dit qu'elle aimait beaucoup les chiens et était prête à les offrir à la condition qu'ils fussent accueillis dans un foyer qui convînt et où ils seraient bien soignés. J'hésitai, car je savais que depuis qu'il avait perdu son cher épagneul, mon mari s'était juré de ne plus attacher son cœur à un chien une deuxième fois. Mais je me demandai alors si cet adorable animal ne serait pas un compagnon de jeu tout indiqué pour Mrs. Limpley, et je promis à mon amie de lui donner une réponse le lendemain. Le soir même, je fis aux Limpley ma proposition. L'épouse ne dit rien – elle était accoutumée à ne pas émettre d'avis – mais Limpley acquiesça avec son enthousiasme habituel. Oui, c'était la seule chose qui leur manquait encore, dit-il. S'il n'avait tenu qu'à lui, dans sa fougue, il m'aurait contrainte à me rendre à Bath avec lui pour entrer chez mon amie la nuit même par effraction et y récupérer l'animal. Mais comme je me refusais à un tel excès, il dut se faire une raison. C'est donc seulement le lendemain qu'on amena chez eux dans un petit panier le jeune bouledogue qui geignait, extrêmement perturbé par ce voyage imprévu.

De fait, le résultat fut sensiblement différent de ce que nous avions escompté. Mon intention avait été d'offrir à cette femme discrète aux journées un peu solitaires un compagnon qui animât sa maison vide. Mais ce fut Limpley lui-même qui se précipita sur le chien avec son insatiable soif de tendresse. Son enthousiasme pour ce petit animal drolatique fut sans borne et, comme toujours chez lui, exagéré et un peu ridicule. Bien entendu, Ponto – ainsi fut-il nommé pour quelque insondable raison – était le plus beau, le plus intelligent de tous les chiens sur terre, et il ne se passait pas un jour, pas une heure sans que Limpley ne découvrît chez lui de nouveaux prodiges et de nouveaux talents. Articles de toilette luxueux pour quadrupèdes, laisse, panier, muselière, gamelle, jouet, balles et os, tout ce qui existait fut acquis à grands frais ; Limpley étudia dans les journaux tous les articles et encarts consacrés aux soins à porter aux chiens et à leur alimentation et, désireux d'approfondir ses connaissances techniques, il s'abonna même à une revue canine ; l'immense industrie qui vit exclusivement de ce genre de toqués des chiens trouva en lui un nouveau client infatigable : on convoquait le vétérinaire à la moindre occasion. Il faudrait des tomes et des tomes pour narrer la suite ininterrompue des excès générés par cette passion nouvelle ; nous entendions souvent de vigoureux aboiements provenant de la maison voisine. Or, ce n'était pas le chien qui aboyait, mais son maître, aplati au sol, qui s'efforçait en imitant le langage canin d'inciter son trésor à entamer avec lui un dialogue incompréhensible pour le commun des mortels. Le régime de l'animal objet de tous ses soins l'occupait davantage que le sien ; il observait scrupuleusement tous les conseils diététiques des professeurs ès science canine ; l'alimentation de Ponto était bien plus raffinée que celle de Limpley et de sa femme ; et comme il avait un jour été question de typhus dans le journal – soit dit en passant dans une tout autre région – on ne donna plus à boire au chien que de l'eau minérale ; qu'une puce irrévérencieuse s'avisât à l'occasion de rendre une visite au sacro-saint animal et de l'avilir ainsi avec scélératesse en l'obligeant à se gratter la patte ou à fouiller du museau dans son pelage, et Limpley se lançait avec ardeur dans cette triste besogne qu'est la chasse à la puce ; penché en bras de chemise sur une bassine pleine d'eau bouillie, armé d'un peigne et d'une brosse, il travaillait sans relâche jusqu'à ce que fût occis le dernier des hôtes indélicats. Il ne ménageait pas sa peine, ne reculait devant aucune humiliation, et jamais fils de roi n'eût pu être traité avec davantage de tendresse et d'attention. Il n'y avait qu'une chose réjouissante au milieu de toutes ces folies : cette fixation de toutes ses forces émotionnelles sur ce nouvel objet faisait que la femme de Limpley et nous-mêmes étions soulagés d'une part conséquente de son impétuosité ; il partait se promener avec le chien des heures durant et lui tenait de grands discours sans que l'animal, flegmatique, se laissât perturber outre mesure dans ses reniflements exploratoires, et l'épouse regardait en souriant et sans la moindre jalousie son mari accomplir son idolâtre rite quotidien devant cet autel quadrupède. Car il ne la privait jamais que de l'excédent pesant et difficilement supportable de ses sentiments, et il lui restait toujours une pleine mesure de tendresse. Il était donc indéniable que ce nouvel occupant du foyer avait, si c'était possible, rendu le couple plus heureux encore qu'il ne l'était.

Et pendant ce temps, semaine après semaine, Ponto grandissait. Une chair dure, ferme et musclée vint combler dans son pelage les plis épais de l'enfance, ce devint un animal robuste : large poitrail, mâchoire puissante, arrière-train tendu et poil lisse. Cet animal de bonne composition ne devint difficile qu'aussitôt qu'il eut perçu sa position dominante dans la maison, qui le poussa à adopter une attitude arrogante et supérieure. Il n'avait pas fallu longtemps à l'animal, intelligent et observateur, pour constater que son maître, ou plutôt son esclave, lui passait toutes ses insolences ; d'abord simplement désobéissant, il prit rapidement des manières tyranniques et refusa par principe tout ce qui pouvait être interprété comme de la soumission. Avant toute chose, il ne tolérait dans la maison aucune forme de *privacy*. Rien ne devait se passer hors de sa présence ou plutôt sans son accord explicite. Chaque fois qu'arrivait quelqu'un, il se précipitait impérieusement sur la porte fermée, parfaitement certain que Limpley, à son service, bondirait lui ouvrir ; il grimpait alors fièrement sur un fauteuil sans gratifier les invités d'un regard, pour leur signifier clairement que c'était lui le véritable maître de maison et qu'on lui devait avant tout admiration et révérence. Qu'il ne fût permis à aucun autre chien de s'aventurer fût-ce jusqu'à la clôture, cela relevait de l'évidence, mais il y avait plus : certaines personnes à qui il avait signifié son aversion en grognant, comme le facteur ou le laitier, se virent contraintes de déposer leurs paquets ou leurs bouteilles sur le pas de la porte à défaut de pouvoir les apporter dans la maison. Et plus Limpley s'abaissait dans son entichement puéril, plus l'insolent animal le traitait mal. Peu à peu, Ponto, si invraisemblable que cela pût paraître, inventa même tout un système pour lui prouver qu'il avait peut-être la mansuétude de tolérer ses cajoleries et son enthousiasme, mais ne se sentait en rien obligé par ces hommages quotidiens. Par principe, il faisait attendre Limpley chaque fois qu'il l'appelait, et peu à peu, la fourberie infernale de Ponto atteignit des sommets ; dans la journée, comme tout chien normal en pleine santé, il chahutait, coursait les poules, pataugeait dans l'eau, dévorait goulûment tout ce qui se présentait à lui et se livrait avec délices à son plaisir favori : dévaler sournoisement le talus jusqu'au canal en une course rapide et silencieuse avec la puissance explosive d'un pétard, et précipiter dans l'eau d'un violent coup de tête mauvais les corbeilles à linge et les bassines posées près du canal, puis, dans un immense hurlement de triomphe, danser autour des femmes et des filles désespérées, forcées de ramasser pièce par pièce tout le linge tombé dans l'eau. Mais sitôt qu'approchait l'heure où Limpley rentrait de son *office*, ce fin comédien se défaisait de son exubérance pour adopter l'attitude altière d'un sultan. Paresseusement étendu au sol et sans le moindre signe de bienvenue, il attendait son maître qui se précipitait vers lui avec un « Salut Ponty » exalté avant même d'avoir salué sa femme ou posé sa veste. Ponto ne remuait pas même le bout de sa queue en manière de réponse. Il avait parfois la bonté de se laisser renverser sur le dos et gratter le doux poil soyeux du ventre, mais même dans de tels moments de clémence, il se gardait bien de trahir par quelque ronflement ou grognement satisfait que cette cajolerie lui agréait ; son valet soumis devait avoir conscience que ce n'était que l'effet de sa mansuétude s'il tolérait de sa part ce type de démonstrations de tendresse. Et d'un bref grognement signifiant quelque chose comme « C'est bon maintenant ! » il se retournait alors brusquement et mettait fin au jeu. De la même manière, il se faisait toujours prier pour manger le foie que Limpley lui apportait morceau après morceau jusque devant la gueule. Parfois, il se contentait de le renifler et refusait dédaigneusement d'y toucher malgré les tentatives de persuasion de son maître, juste pour montrer qu'il ne consentirait pas forcément à prendre ses repas pour la simple raison que ce valet bipède les lui servait. Si on l'invitait à se promener, il commençait par se tourner et s'étirer paresseusement, et bâillait tant et tant qu'on pouvait voir jusqu'au fond de son gosier couvert de taches noires ; chaque fois, il tenait à témoigner d'abord par quelque comportement insolent qu'à titre personnel il ne tenait pas spécialement à faire de promenade, et que c'était seulement pour l'amour de Limpley qu'il se levait du divan. Devenu impudent à force d'être gâté, il usait de centaines d'astuces de cette espèce pour contraindre son maître à toujours adopter devant lui l'attitude du mendiant et du quémandeur ; et de fait, c'est la servilité passionnée de Limpley qu'il fallait qualifier de soumission canine davantage que le comportement de l'animal impertinent, qui jouait le pacha oriental avec un talent de comédien consommé.

Mon époux et moi ne pouvions tout bonnement plus supporter le spectacle des insolences de ce tyran. Malin comme il l'était, Ponto remarqua bien vite nos dispositions irrespectueuses, et de son côté, il se mit désormais en devoir de nous témoigner son mépris de la façon la plus grossière qui fût. Qu'il eût du caractère, c'était indéniable ; du jour où notre bonne, une fois où il avait laissé dans un parterre de roses une trace incontestable de son passage, l'eut énergiquement chassé de notre jardin, il ne se faufila plus jamais sous l'épaisse haie qui faisait office de frontière pacifique entre nos terrains, et en dépit des tentatives de persuasion ou des suppliques de Limpley, se refusa désormais à fouler ne fût-ce que notre seuil. De notre côté, nous renonçâmes de bon cœur à ses visites ; en revanche, il y eut plus gênant : lorsque nous rencontrions Limpley en sa compagnie, dans la rue ou devant la maison, et que ce bavard impénitent commençait à s'entretenir avec nous, l'animal tyrannique rendait impossible par son attitude provocatrice toute conversation amicale prolongée. Au bout de deux minutes il se mettait à japper ou à grogner rageusement et poussait sans scrupules la jambe de Limpley de sa tête dressée, ce qui signifiait sans aucune équivoque : « Allez, ça suffit ! Ne bavarde pas avec ces gens impossibles. » Et bien que ce soit fort gênant, il me faut avouer que chaque fois cela rendait Limpley fébrile. Il essayait dans un premier temps d'apaiser l'insolent : « Tout de suite, tout de suite ! Nous allons y aller », mais le tyran ne s'en laissait pas conter, et le pauvre homme asservi – un peu honteux et confus – prenait alors congé de nous. Alors, l'arrière-train fièrement étiré, triomphant manifestement de nous avoir montré son pouvoir sans bornes, l'orgueilleux animal s'éloignait en trottant ; je ne suis pas d'ordinaire d'un naturel violent, mais la main me démangeait toujours de faire goûter du fouet une bonne fois à cette crapule dépravée.

C'est ainsi que Ponto, un chien tout ce qu'il y avait de plus banal, était parvenu à refroidir sensiblement nos relations auparavant si amicales. Limpley souffrait visiblement de ne plus pouvoir se précipiter chez nous à chaque instant comme autrefois ; sa femme, de son côté, était fort embarrassée, car elle sentait combien son mari se rendait ridicule auprès de nous tous avec sa soumission. De chamailleries en bisbilles, une nouvelle année s'écoula, au cours de laquelle l'animal devint, si c'était possible, plus insolent et dominateur encore, et surtout plus subtil dans sa façon d'humilier Limpley, jusqu'à ce qu'un beau jour une modification intervînt qui surprit dans une même mesure tous les protagonistes, quoique sur un mode réjouissant pour les uns, mais tragique pour le principal intéressé. Je n'avais pu m'empêcher de rapporter à mon époux que depuis deux ou trois semaines, Mrs. Limpley faisait montre d'une singulière retenue et évitait toute conversation prolongée. Nous étions bonnes voisines et d'ordinaire, nous nous prêtions à l'occasion tel ou tel objet, ce qui chaque fois donnait lieu à d'agréables causeries, car j'appréciais vraiment du fond du cœur cette femme discrète et modeste. Mais depuis peu, je percevais chez elle une certaine réticence à se trouver en ma compagnie ; elle préférait envoyer la bonne quand elle avait besoin de quelque chose, elle était manifestement gênée quand je m'adressais à elle, et il était difficile de rencontrer son regard. Mon époux, qui avait pour elle une affection particulière, me persuada d'aller tout simplement la trouver pour lui demander sans détours si nous l'avions blessée en quoi que ce fût sans nous en rendre compte. « Il ne faut pas laisser s'installer ce genre de petits différends entre voisins. Et c'est peut-être justement tout le contraire de ce que tu redoutes ; peut-être – j'ai même tendance à le croire – veut-elle te demander quelque chose et n'en a-t-elle tout simplement pas le courage. » Je décidai de suivre son conseil. Je me rendis chez eux et la trouvai installée dans son fauteuil de jardin, si profondément plongée dans ses rêveries qu'elle ne m'entendit pas du tout arriver. Je lui posai la main sur l'épaule et lui dis très sincèrement : « Mrs. Limpley, je suis une vieille femme, je n'ai plus à prendre de gants. Laissez-moi faire le premier pas. Si vous êtes en quoi que ce soit fâchée contre nous, dites-moi franchement de quoi il s'agit. » La pauvre petite femme frémit, effarée. Comment pouvais-je imaginer pareille chose ! Si elle n'était pas venue, c'était seulement parce que… Elle rougit au lieu de continuer et se mit à sangloter, mais c'étaient, si je peux m'exprimer ainsi, de bons sanglots, des sanglots heureux. Elle finit par tout m'avouer. Au bout de neuf ans de mariage, elle avait depuis longtemps abandonné tout espoir d'être mère un jour, et même lorsque au cours des dernières semaines s'était confirmé son soupçon que cet événement inattendu pourrait se produire, elle n'avait pas eu le courage d'y croire. L'avant-veille, elle s'était rendue en secret chez le médecin et en avait désormais la certitude. Mais elle n'avait pas encore eu le cœur d'en faire part à son mari, je le connaissais et savais comment il était ; elle avait presque peur de l'ampleur de sa joie. Elle se demandait si le mieux ne serait pas – elle n'avait simplement pas eu le courage de nous en faire la demande – que nous nous chargions de le préparer un peu. Je me déclarai tout à fait prête à le faire ; cela amusa beaucoup mon époux, et il donna à dessein à l'affaire une dimension plaisante. Il laissa à Limpley un petit mot lui demandant de venir nous trouver dès qu'il rentrerait du travail. Et bien évidemment, avec la diligence admirable qui le caractérisait, le brave homme se précipita chez nous sans même prendre le temps d'enlever son manteau. Il était manifestement inquiet qu'il nous fût arrivé quelque chose, et dans le même temps, presque heureux de prouver – j'allais presque dire de déverser – sa cordiale sollicitude. Il se planta devant nous, hors d'haleine. Mon époux le pria de s'asseoir à la table. Cette solennité inaccoutumée l'alarma, et une fois de plus il ne sut plus que faire de ses grandes mains lourdes couvertes de taches de rousseur.

« Limpley, commença mon époux, j'ai songé à vous hier soir en lisant dans un vieux livre que nul ne devrait nourrir trop de souhaits, et qu'il faudrait toujours se contenter d'un seul, d'une seule et unique chose. Je me suis dit : que souhaiterait par exemple notre cher voisin, si un ange ou une fée ou quelque autre être aimable lui demandait : Limpley, que te manque-t-il encore ? Je ne t'accorde qu'un souhait. »

Limpley le regarda d'un air perplexe. La plaisanterie l'amusait, mais il n'était pas bien sûr que c'en fût une. Il avait toujours le sentiment préoccupant que cette convocation solennelle cachait quelque chose.

« Allons, Limpley, voyez en moi cette aimable fée », dit mon mari pour apaiser sa perplexité. « N'avez-vous donc aucun souhait ? »

Limpley, mi-sérieux mi-rieur, passa la main dans ses cheveux roux coupés ras.

« En fait, non, finit-il par avouer. C'est que j'ai tout ce que je veux, ma maison, ma femme, une situation stable, mon… » Je compris qu'il voulait dire mon chien, mais qu'au dernier moment il avait trouvé cela déplacé. « … Oui, en fait, j'ai tout.

— Pas de souhait, donc, pour l'ange ou pour la fée ? »

Limpley était de plus en plus gai. Il se sentait radieusement heureux d'avoir l'occasion de proclamer combien son bonheur était sans nuages. « Non… aucun.

— C'est dommage, dit mon mari. Fort dommage que rien ne vous vienne à l'esprit », et il se tut.

Limpley commença à se sentir un peu mal à l'aise sous ce regard inquisiteur. Il crut devoir s'excuser.

« Bien entendu, un peu plus d'argent ne ferait pas de mal… un peu d'avancement… mais comme je l'ai dit, je suis satisfait… je ne vois pas ce que je pourrais souhaiter d'autre.

— Pauvre ange », dit mon mari avec une

solennité feinte. « Il va lui falloir rentrer les mains vides parce que Mr. Limpley ne voit plus rien à souhaiter. Enfin, heureusement, il n'est pas reparti sur-le-champ, ce bon ange, il a d'abord posé la question à Mrs. Limpley, et il semble qu'il ait eu un peu plus de chance avec elle. »

Limpley tressaillit. Le brave homme avait maintenant l'air un peu simple avec ses yeux humides et sa bouche entrouverte. Mais il se reprit et dit presque avec agacement – il ne pouvait concevoir que quelqu'un qui lui était lié pût ne pas être pleinement satisfait : « Ma femme ? Qu'est-ce qu'elle peut bien souhaiter de plus ?

— Eh bien… peut-être quelque chose d'autre qu'un chien. »

Là, Limpley comprit. Ce fut comme un éclair : il écarquilla instinctivement les yeux de surprise au point que l'on en vit le blanc et non plus la pupille. Puis il se leva d'un bond et courut chez lui, oubliant son manteau, sans s'excuser auprès de nous, et se rua comme un forcené dans la chambre de sa femme.

Nous rîmes tous les deux. Mais nous n'étions pas étonnés. Connaissant sa fameuse impétuosité, nous ne nous étions pas attendus à autre chose.

En revanche, quelqu'un d'autre fut étonné. Quelqu'un qui était paresseusement allongé sur le divan, les yeux clignotants, à demi fermés, et qui attendait les salutations que lui devait – ou qu'il pensait que lui devait – son maître : Ponto, le poil brillant, superbe. Comment ? Voilà que sans le saluer, sans le flatter, l'homme se précipitait en passant devant lui dans la chambre à coucher ; il entendait rire et pleurer, parler et sangloter, et cela durait, durait, et personne ne se souciait de lui, à qui revenait pourtant selon le droit et la coutume le premier tendre salut. Il s'écoula une heure. La bonne lui apporta le plat contenant son repas. Ponto se détourna dédaigneusement. Il était habitué à être supplié, encouragé, nourri à la becquée. Il adressa à la bonne un grondement mauvais. Il fallait que l'on vît qu'il ne se laissait pas traiter ainsi sans réagir. Mais en cette soirée agitée, nul ne s'avisa qu'il dédaignait son repas. Il était et resta oublié de tous. Limpley s'adressait sans discontinuer à sa femme, il l'accablait de conseils inquiets et l'entourait de cajoleries ;

dans son débordement de bonheur il n'avait pas un regard pour Ponto, et l'orgueilleux animal, de son côté, était bien trop fier pour se rappeler à son souvenir en s'imposant. Il resta recroquevillé dans un coin et attendit, il ne pouvait s'agir que d'un malentendu, d'un oubli ponctuel bien que guère excusable. Mais il attendit en vain. Le lendemain matin aussi, Limpley qui, tout à ses innombrables recommandations à la jeune femme, aurait presque manqué l'autobus, passa devant lui en trombe sans le saluer.

C'était un animal intelligent, nul doute là-dessus. Mais ce revirement soudain dépassait son entendement. Je me trouvais par hasard à la fenêtre quand Limpley monta dans l'autobus et, à peine avait-il disparu que je vis Ponto se glisser très lentement – je dirais presque d'un air songeur – hors de la maison, suivant des yeux le véhicule qui s'éloignait. Il resta là une demi-heure, parfaitement immobile, espérant manifestement que son maître reviendrait réparer sa méprise et lui faire ces adieux oubliés. Alors seulement il se traîna lentement jusqu'à la maison. De toute la journée il ne joua ni ne chahuta, se contentant d'errer dans la maison, lent et préoccupé ; peut-être – qui parmi nous sait de quelle manière et dans quelle mesure peuvent se former dans un cerveau d'animal des chaînes de représentations ? – cherchait-il à reconstituer s'il avait lui-même causé par quelque comportement maladroit l'incompréhensible omission de cette révérence habituelle. Le soir venu, une demi-heure environ avant l'heure où Limpley avait coutume de rentrer, il devint visiblement nerveux ; les oreilles rabattues, il ne cessait de se glisser jusqu'à la clôture pour guetter l'arrivée de l'autobus et ne pas la manquer. Mais bien entendu il se garda de montrer avec quelle impatience il avait attendu : à peine l'autobus fut-il en vue à l'heure habituelle qu'il revint dans la pièce, s'allongea sur le divan comme d'habitude et attendit.

Mais cette fois encore il attendit en vain. Cette fois encore Limpley passa devant lui à la hâte, et il en fut désormais ainsi jour après jour. Une ou deux fois, Limpley s'avisa de sa présence, lui lança un bref « Ah, tu es là, Ponto » et le caressa en passant. Mais c'était une simple caresse indifférente et distraite. Ce n'était plus la cour qu'il lui faisait autrefois, il n'y avait plus ni petit nom, ni jeu, ni promenade, rien, rien, rien. Or Limpley lui-même, cet homme profondément bon, n'était en vérité guère coupable, de cette amère indifférence. Car il n'avait, de fait, plus d'autre pensée, d'autre souci que sa femme. Sitôt arrivé chez lui, il l'accompagnait dans tous ses déplacements et lui prenait précautionneusement le bras lors de promenades dûment méditées dans le seul but d'éviter qu'elle ne fît un pas trop hâtif ou imprudent ; il surveillait son alimentation et exigeait de la bonne qu'elle lui fît un récit circonstancié de chaque heure de la journée. Tard le soir, quand elle était allée se reposer, il venait presque quotidiennement chez nous chercher conseils et réconfort auprès de moi, qui étais déjà passée par là ; déjà il rassemblait dans les grands magasins tout l'équipement nécessaire pour l'enfant à venir, et faisait tout cela dans un état permanent d'excitation frénétique. Sa vie à lui fut totalement éclipsée, il oubliait parfois deux jours durant de se raser et arriva à plusieurs reprises en retard à son travail parce que tous ses conseils lui avaient fait manquer l'autobus. Ce n'était donc pas le moins du monde par intention maligne ou par infidélité qu'il omettait d'emmener Ponto se promener ou de s'occuper de lui ; c'était seulement un état de confusion chez cet homme naturellement très passionné et presque monomaniaque qui s'abîmait de tous ses sens, de toutes ses pensées et de tous ses sentiments dans une seule et unique chose. Mais si même les humains, dont l'entendement pourtant raisonne en anticipant et en reconstituant selon la logique, sont à peine capables d'excuser sans colère une vexation qu'on leur impose, comment cet animal borné l'aurait-il pu ? De semaine en semaine, Ponto devint plus nerveux et irrité. Sa fierté ne souffrit pas qu'on se mît tout bonnement à vivre sans tenir compte de lui, le maître de maison, et qu'il fût ravalé au rang de personnage secondaire. S'il avait été raisonnable, il se serait imposé en faisant assaut de suppliques et de flatteries ; et son bienfaiteur d'antan aurait alors certainement pris conscience de ses manquements. Mais Ponto était encore trop fier pour ramper sur le ventre. Ce n'était pas à lui mais à son maître de faire le premier pas vers la réconciliation. Il décida donc d'attirer l'attention sur lui par toutes sortes de manigances. Au cours de la troisième semaine, il se mit subitement à boiter et à traîner la patte arrière gauche comme si elle était paralysée. Dans des circonstances normales, Limpley l'aurait examiné sur-le-champ avec tendresse et inquiétude pour vérifier s'il ne s'était pas d'aventure enfoncé quelque épine dans la patte. Il l'aurait plaint et aurait vite téléphoné au vétérinaire, il se serait sans aucun doute levé trois ou quatre fois dans la nuit pour s'assurer de son état. Cette fois cependant, ni lui ni personne d'autre dans la maison ne prit note de cette claudication simulée, et Ponto n'eut d'autre solution que d'y mettre fin, dépité. Quelques semaines plus tard il fit une nouvelle tentative, cette fois une grève de la faim. Deux jours durant il dédaigna héroïquement ses repas. Mais personne ne se soucia de son manque d'appétit alors que d'ordinaire, s'il lui arrivait d'aventure, dans une saute d'humeur tyrannique, de ne pas laper sa soupe jusqu'à la dernière goutte, Limpley s'empressait de lui apporter des biscuits spéciaux ou une tranche de saucisse. La faim animale finit par avoir raison de sa volonté, et il prit son repas en catimini et avec mauvaise conscience, sans en retirer aucun plaisir. Une autre fois, il essaya de nouveau de se faire remarquer en se cachant toute une journée. Par mesure de précaution, il s'était tapi quelque part à proximité, dans la vieille remise à bois abandonnée d'où il pouvait entendre avec satisfaction les cris inquiets, « Ponto ! Ponto ! ». Mais personne n'appela, personne ne remarqua son absence ni ne s'en alarma. Sa tyrannie était rompue. Il était rabaissé, humilié, oublié et ne comprenait pas même pourquoi. Je crois avoir été la première à remarquer la transformation qui commença chez le chien au cours de ces semaines. Il maigrit, sa démarche se modifia. Au lieu de parader insolemment bien droit, l'arrière-train dressé, comme il le faisait jusque-là, il errait et rasait les murs comme un chien battu ; son poil, jusqu'alors brossé quotidiennement avec le plus grand soin, perdit son éclat soyeux. Lorsqu'on croisait son chemin, il penchait la tête pour qu'on ne voie pas ses yeux et filait en vitesse. Mais on avait beau l'avoir terriblement humilié, son ancienne fierté n'était pas encore brisée ; il avait encore honte devant nous et sa rage intérieure ne trouvait d'autre débouché que des assauts redoublés contre les corbeilles à linge : en une semaine, il en précipita pas moins de trois dans le canal pour montrer brutalement qu'il était là et méritait le respect. Mais cela non plus ne servit à rien, sinon à pousser les bonnes furieuses à le menacer de coups. Tous ses talents et toutes ses ruses, son jeûne, sa claudication, sa disparition, ses investigations errantes se révélèrent inutiles – et c'est en vain que sa lourde tête carrée se torturait pour comprendre : il s'était forcément produit quelque chose de mystérieux ce jour-là, quelque chose qu'il n'avait pas compris. Quelque chose avait changé depuis, durablement, dans cette maison et chez tous ceux qui y vivaient, et Ponto comprenait avec désespoir qu'il était impuissant face à cette chose insidieuse qui s'y produisait ou s'y était produite. Cela ne faisait aucun doute : quelqu'un se dressait contre lui, quelque puissance inconnue, mauvaise. Lui, Ponto, avait un ennemi. Un ennemi plus puissant que lui, et cet ennemi était invisible, insaisissable. On ne pouvait l'attraper, le réduire en pièces, briser les os de cet adversaire fourbe, rusé, lâche qui lui avait pris tout le pouvoir dans la maison. Il ne servait à rien de renifler aux portes, de guetter, d'épier en dressant l'oreille, de spéculer, d'observer, il était et restait invisible, cet ennemi, ce démon, ce voleur. Tout au long de ces semaines, Ponto se traîna sans relâche comme un possédé le long de la clôture, essayant de découvrir une trace de cet être invisible, de ce démon, mais il percevait simplement de ses sens en alerte que quelque chose se préparait dans la maison, quelque chose qu'il ne comprenait pas et qui devait avoir partie liée avec cet ennemi capital. D'abord, il était soudain arrivé une femme âgée – la mère de Mrs. Limpley – qui, la nuit, dormait sur le divan de la salle à manger, « son » divan, sur lequel il se prélassait d'ordinaire quand son grand panier bien rembourré ne lui convenait pas. Puis on apporta de nouveau – pour quoi faire ? – toutes sortes d'objets, du linge et des paquets, on ne cessait de sonner à la porte, et à plusieurs reprises, il vint un monsieur vêtu de noir et muni de lunettes qui sentait quelque chose d'épouvantable, des teintures à l'odeur forte, inhumaine. La porte de la chambre à coucher de la femme ne cessait de s'ouvrir et de se fermer, et on chuchotait constamment là-derrière, à moins que les femmes fussent assises ensemble à faire cliqueter leurs aiguilles. Qu'est-ce que tout cela pouvait bien vouloir dire, et pourquoi était-il exclu et privé de ses droits ? À force de spéculations incessantes, Ponto finit par prendre un regard buté, presque vitreux ; ce qui distingue l'entendement animal de l'entendement humain, c'est justement qu'il est exclusivement cantonné au passé et au présent, incapable d'imaginer ou d'anticiper l'avenir. Or il y avait là, cet animal borné le percevait et en concevait une souffrance terrible, quelque chose qui était en devenir et en passe d'être, quelque chose qui allait contre lui et contre quoi il ne pouvait pourtant ni se défendre ni lutter.

Il fallut six mois en tout pour que cet animal fier, dominateur et gâté qu'était Ponto capitulât, épuisé par ce combat inutile, humilié ; étrangement, c'est devant moi qu'il rendit les armes. En cette soirée d'été, tandis que mon époux faisait ses patiences au salon, je m'étais installée encore un moment au jardin ; tout à coup, je sentis quelque chose de chaud se lover contre mon genou, très légèrement, et timidement. C'était Ponto qui, blessé dans son orgueil, n'avait plus pénétré dans notre jardin depuis un an et demi, et qui maintenant, dans son désarroi, venait chercher refuge auprès de moi. Il est possible qu'au cours de ces semaines, quand tous les autres le délaissaient, je l'aie appelé ou caressé en passant, si bien qu'il se souvint de moi en ce moment de désespoir ultime, et je n'oublierai jamais le regard implorant, pressant qu'il leva vers moi en cet instant. Dans les moments d'extrême détresse, le regard d'un animal peut être bien plus intense, je dirais presque plus éloquent que celui des hommes, car nous confions l'essentiel de nos sentiments, de nos pensées à la parole qui transmet, tandis que l'animal non doué de langage est contraint de condenser toute son expressivité dans sa pupille – jamais je n'ai vu désarroi plus touchant et plus désespéré qu'en cet instant dans le regard indescriptible que Ponto me lança tandis que sa patte grattait et quémandait doucement sur le bas de ma robe. Il demandait, je le compris au point d'en être bouleversée : « Explique-moi, qu'a donc mon maître, qu'ont-ils tous contre moi ? Que trame-t-on contre moi là-bas dans la maison ? Aide-moi, dis-moi : que dois-je faire ? » Je ne savais vraiment que faire face à cette touchante supplique. Spontanément je le caressai et murmurai à mi-voix : « Mon pauvre Ponto, ton ère est révolue. Il faudra t'y habituer, comme nous devons nous habituer à beaucoup de choses, beaucoup de choses difficiles. » Ponto dressa l'oreille en entendant mes mots, sur son front, les rides se creusèrent, douloureuses, comme s'il cherchait véritablement à comprendre mes paroles. Puis il passa sa patte sur moi avec impatience, c'était un geste pressant, impatient, qui signifiait quelque chose comme « Je ne te comprends pas. Explique-moi ! Aide-moi ! » Mais je savais que je ne pouvais pas l'aider. Je le caressai et le caressai encore pour l'apaiser. Mais il percevait trop bien que je n'avais pas de consolation à lui offrir. Il se leva en silence et disparut sans regarder derrière lui, aussi silencieusement qu'il était venu.

Pendant tout un jour et toute une nuit Ponto resta introuvable ; si ç'avait été un homme, j'aurais craint qu'il se fût suicidé. Il ne reparut que dans la soirée du lendemain, sale, affamé, défait, portant des traces de morsure ; dans sa rage impuissante, il devait avoir attaqué quelques chiens inconnus. Mais une nouvelle humiliation l'attendait. La bonne ne le laissa pas entrer dans la maison et lui apporta sa gamelle sur le seuil sans faire plus attention à lui. Cette vile offense était cette fois justifiée par des circonstances particulières, car le moment crucial était venu, et les pièces de la maison étaient pleines de gens affairés. Limpley tournait et virait, la tête rouge, désemparé et tremblant d'excitation, la sage-femme s'activait, assistée du médecin, la belle-mère, assise près du lit, était occupée à prodiguer du réconfort, et la bonne avait assez à faire. J'étais moi-même venue et attendais dans la salle à manger pour me rendre utile si le besoin s'en faisait sentir ; de fait, la présence de Ponto n'aurait été qu'une source d'embarras malvenue. Mais comment donc pouvait-il le comprendre, avec son pauvre cerveau borné de chien ? L'animal irrité comprit seulement que pour la première fois, on l'avait mis à la porte de la maison – de sa maison – comme un étranger, un mendiant, un intrus, qu'on le tenait sournoisement à l'écart de quelque chose d'important qui se passait là, derrière les portes closes. Sa rage était indescriptible, et de ses crocs puissants il brisa les os qu'on lui avait jetés comme s'ils étaient la nuque de l'ennemi invisible. Puis il se mit à renifler autour de lui ; ses sens exacerbés sentaient que des gens qu'il ne connaissait pas s'étaient introduits dans la maison – dans sa maison –, il flaira sur le sol la trace bien connue de l'homme en noir aux lunettes qu'il détestait tant. Mais cette fois, il y en avait d'autres dans le coup, et que faisaient-ils à l'intérieur ? L'animal irrité dressait l'oreille. En se collant étroitement au mur, il entendit des voix douces et fortes, des gémissements et des cris, puis des bruits d'eau, des pas pressés, des objets que l'on poussait, des cliquetis de verre et de métal – il y avait quelque chose, quelque chose se passait là-dedans, quelque chose qu'il ne comprenait pas. Mais instinctivement il sentit que c'était la chose hostile. C'était ce qui avait causé l'humiliation, la perte de ses droits – c'était l'ennemi, l'ennemi infâme, invisible, lâche, roué, et voilà maintenant qu'il était réellement dans la place. Maintenant il était visible, maintenant on pouvait l'attraper et lui briser enfin la nuque comme il le méritait. Les muscles tendus, tremblant d'excitation, le puissant animal se ramassa sur lui-même à côté de la porte d'entrée pour bondir à l'intérieur dès qu'elle s'ouvrirait. Cette fois, il ne lui échapperait plus, l'ennemi perfide, l'usurpateur de ses droits et de ses privilèges, celui qui avait anéanti sa quiétude !

À l'intérieur de la maison, nous ne soupçonnions rien de tout cela. Nous étions trop excités et trop affairés. Il me fallait – et ce ne fut pas une mince affaire – calmer et réconforter Limpley à qui le médecin et la sage-femme avaient interdit l'entrée de la chambre ; son empathie immense le fit peut-être davantage souffrir au cours de ces deux heures d'attente que ne souffrit la parturiente. Enfin on annonça la bonne nouvelle, et au bout d'un moment, chancelant de joie et de peur, l'époux fut précautionneusement introduit dans la chambre pour voir l'enfant – une fille, comme la sage-femme l'avait déjà indiqué auparavant – et la mère. Il y resta longtemps, et nous autres, la belle-mère et moi, qui avions nous-mêmes toutes deux vécu des heures semblables, une fois laissées seules, nous échangeâmes amicalement, pendant ce temps, de longs souvenirs. Puis la porte s'ouvrit enfin, Limpley apparut, suivi du médecin. Il portait l'enfant enveloppé dans des langes pour nous le montrer fièrement, mais il le tenait comme un prêtre tient l'ostensoir ; son visage bonhomme, large, un peu simple était illuminé par l'éclat du bonheur qui le rendait presque beau. Les larmes lui coulaient sur les joues sans interruption, et il ne savait comment les sécher, car il tenait l'enfant des deux mains comme quelque chose d'indiciblement précieux et fragile. Pendant ce temps, derrière lui, le médecin, coutumier de ce genre de scènes, enfilait son manteau. « C'est ici que prend fin mon travail », dit-il en riant, il salua et se dirigea tranquillement vers la porte.

Mais au cours de cette brève seconde où le médecin sans se douter de rien ouvrait la porte, quelque chose fusa devant ses jambes, quelque chose qui était tapi et recroquevillé là, les muscles bandés, et déjà Ponto était au milieu de la pièce et l'emplissait d'un hurlement déchaîné. Il avait tout de suite vu que Limpley tenait un nouvel objet, le tenait tendrement, un objet qu'il ne connaissait pas, quelque chose de petit, de rouge et de vivant qui miaulait comme un chat et avait une odeur humaine – ah ! c'était ça, l'ennemi, l'ennemi longtemps cherché, l'ennemi caché, secret, celui qui lui avait volé son pouvoir, qui avait réduit à néant sa quiétude ! Il allait le déchiqueter ! Le mettre en pièces ! Montrant les dents, il bondit sur Limpley pour lui arracher l'enfant. Je crois que nous nous mîmes tous à crier en même temps car le bond qu'avait fait le puissant animal était si soudain et brutal que cet homme lourd et trapu vacilla sous la violence du choc et s'effondra contre le mur. Mais au dernier moment, il avait instinctivement soulevé les langes et l'enfant pour qu'il ne lui arrivât rien, et je l'avais vivement pris dans mes bras avant qu'il ne tombe. Aussitôt, le chien se rua sur moi. Heureusement, le médecin, aussitôt revenu sur ses pas en entendant nos cris, eut la présence d'esprit de projeter un lourd fauteuil en direction de l'animal furieux, bouillonnant de rage, les yeux injectés de sang et l'écume à la bouche. On entendit craquer ses os. Ponto hurla de douleur et recula un instant, mais ce n'était que pour mieux m'assaillir aussitôt après dans sa rage frénétique. Toutefois, cet unique instant avait suffi à Limpley pour se rétablir de sa chute et se jeter sur l'animal avec une colère qui ressemblait terriblement à celle de son chien. Un effroyable combat s'engagea. Limpley, large, lourd et fort, s'était jeté sur Ponto de toute la violence de son corps pour l'étrangler de ses mains puissantes, et tous deux roulaient au sol en une unique masse combattante. Ponto tentait de mordre et Limpley d'étrangler, le genou appuyé sur la poitrine de l'animal qui ne cessait de se dégager de son étreinte de fer ; nous autres, vieilles femmes, nous enfuîmes dans la pièce voisine pour protéger l'enfant tandis que le médecin et la bonne se jetaient maintenant eux aussi sur l'animal furieux. Ils frappèrent Ponto avec tout ce qui leur passait sous la main, on entendait tinter et craquer le bois et le verre, à trois, ils le martelèrent de leurs poings et le pilonnèrent de leurs pieds jusqu'à ce que les aboiements fous ne fussent plus que des râles ; enfin l'animal totalement épuisé, ne respirant plus que faiblement et par à-coups, fut attaché aux pattes avant et arrière avec sa propre laisse et des cordes par le médecin, la bonne et mon mari qui était accouru au bruit, et on lui fourra dans la gueule une nappe arrachée à la table. Désormais réduit à l'impuissance et à moitié assommé, il fut traîné hors de la pièce. Une fois le seuil passé, on le jeta comme un sac et ce n'est qu'à cet instant que le médecin put revenir sur ses pas pour aider.

Entre-temps, titubant comme un homme ivre, Limpley s'était traîné en chancelant jusqu'à l'autre pièce pour y voir l'enfant. Elle était indemne et le regarda de ses petits yeux embués de sommeil. Son épouse, qui avait été arrachée par le vacarme à la lourde torpeur où l'épuisement l'avait plongée ne courait pas non plus le moindre danger ; elle adressa un pâle sourire éprouvé et tendre à son époux qui lui caressait les mains. Alors seulement il fut capable de penser à lui. Il était dans un état épouvantable, le visage blanc, les yeux fous, le col arraché, les vêtements froissés et couverts de poussière ; nous constatâmes avec effroi que de sa manche droite arrachée du sang coulait et gouttait sur le sol. Lui-même, dans sa fureur, ne s'était pas aperçu que dans une tentative désespérée pour se défendre, l'animal l'avait mordu profondément dans la chair par deux fois tandis qu'il lui serrait la gorge ; on le déshabilla et le médecin s'empressa de lui faire un bandage. Pendant ce temps, la bonne apportait un brandy, car le brave homme épuisé était près de défaillir sous l'effet de l'excitation et de l'hémorragie, et nous le portâmes à grand-peine jusqu'au divan ; là, lui qui n'avait pas vraiment pris de repos depuis deux nuits déjà du fait de l'attente fébrile sombra dans un profond sommeil.

Pendant ce temps, nous délibérions pour savoir que faire de Ponto. « L'abattre », cria mon mari, et déjà il s'apprêtait à aller chez nous chercher son revolver. Mais le médecin expliqua qu'il se devait d'emmener l'animal jusqu'à un dispensaire sans perdre une minute : on y déterminerait en analysant sa salive s'il n'était pas atteint de la rage, auquel cas la morsure de Limpley exigerait des mesures de précautions supplémentaires ; il voulait charger Ponto dans sa voiture sur-le-champ. Nous sortîmes tous aider le médecin. L'animal gisait devant la porte – je n'oublierai jamais ce spectacle –, sans défense dans ses liens ; à peine nous eut-il entendus que ses yeux injectés de sang saillirent violemment comme s'ils allaient lui jaillir des paupières. Il grinçait des dents, éructait et déglutissait en tâchant de cracher le bâillon tandis que ses muscles se bandaient comme des cordes : tout son corps recroquevillé vibrait d'un unique tremblement convulsif ; je dois avouer sincèrement que bien que nous l'ayons su solidement attaché, nous hésitâmes les uns comme les autres à nous saisir de lui ; jamais de ma vie je n'avais vu pareille colère accumulée, chargée de tous les instincts mauvais, jamais tant de haine dans l'œil d'un être vivant sur notre terre que dans ce regard injecté et assoiffé de sang. Et malgré moi la crainte me traversa que mon mari n'ait eu raison de proposer d'abattre tout bonnement l'animal. Mais le médecin tenait à ce transport immédiat, et l'animal ligoté fut donc hissé dans l'auto et emmené malgré sa résistance impuissante.

C'est sur ce départ peu glorieux que Ponto disparut pour longtemps de notre horizon. Mon époux apprit en passant que plusieurs jours d'observation au poste Pasteur n'avaient pas révélé le moindre signe de présence d'une rage infectieuse, et que, tout retour sur les lieux de ses méfaits étant exclu, on avait fait don de Ponto à un boucher de Bath qui était à la recherche d'un animal puissant et belliqueux. Nous ne pensions plus à lui, et Limpley lui-même, qui n'avait eu à porter le bras en écharpe que deux ou trois jours, l'oublia tout à fait ; sa passion et ses préoccupations se concentraient pleinement, depuis que sa femme était relevée de couches, sur sa minuscule fillette, et il n'est guère besoin de préciser que les manifestations de cette passion étaient tout aussi fanatiques et exagérées que du temps de Ponto, voire plus folles encore, si c'était possible. Cet homme pesant et fort s'agenouillait devant le petit landau de l'enfant comme les trois rois mages devant la crèche dans les tableaux des grands maîtres italiens ; il ne se passait pas un jour, pas une heure, pas une minute sans que Limpley ne découvrît de nouveaux prodiges chez cette petite créature rose – par ailleurs tout à fait adorable. Sa tranquille et modeste épouse souriait à ces oraisons paternelles avec incomparablement plus de chaleur qu'elle n'avait réagi en son temps aux absurdes divinisations de l'arrogant quadrupède, et nous passâmes nous aussi bien des heures agréables, tant il est vrai qu'un bonheur parfait et sans nuage dans le voisinage projette immédiatement sur votre maison une douce lumière.

Comme je l'ai dit, nous avions déjà tout à fait oublié l'existence de Ponto lorsqu'un soir elle me fut remise en mémoire de façon impromptue. J'étais rentrée avec mon mari tard dans la soirée de Londres où nous avions assisté à un concert de Bruno Walter, et je ne parvenais pas à trouver le sommeil, je ne savais pourquoi. Étaient-ce les mélodies entêtantes de la symphonie *Jupiter* que je m'efforçais inconsciemment de retrouver, était-ce cette blanche et douce nuit d'été éclairée par la lune ? Je me levai – il devait déjà être environ 2 heures du matin – et regardai par la fenêtre. La lune, tout en haut, comme poussée par un vent invisible, voguait avec une douce puissance à travers un parterre de nuages que son éclat baignait d'argent, et chaque fois qu'elle apparaissait, pure et rayonnante, le jardin tout entier s'éclairait, comme enveloppé par la neige. Tout était calme et tranquille ; j'avais le sentiment que si une unique feuille avait bougé, cela ne m'aurait pas échappé. Je sursautai donc presque lorsque je remarquai soudain que dans ce calme absolu quelque chose bougeait sans bruit près de la haie séparant nos deux jardins, quelque chose de noir qui se détachait, ondoyant et mouvant, sur l'herbe éclairée par la lune. Intriguée malgré moi, je regardai dans cette direction. Ce n'était pas un être, ce n'était rien de vivant, rien de corporel qui était agité de ce mouvement inquiet. C'était une ombre. Simplement une ombre. Mais ce ne pouvait être que l'ombre d'un être vivant qui, lui-même dissimulé par la haie, se déplaçait avec précaution et à la dérobée, l'ombre d'un homme ou d'un animal. Je ne parviens peut-être pas à l'exprimer comme il faut, mais le caractère contraint, insidieux, silencieux de ce déplacement furtif avait quelque chose d'inquiétant ; je pensai d'abord, anxieuse comme le sont toujours les femmes, à un cambrioleur ou à un assassin, et mon cœur se mit à battre à tout rompre. Mais cette ombre entre-temps avait déjà quitté la haie pour arriver à la terrasse supérieure où commençait la clôture, et elle se faufilait désormais le long des barreaux, étrangement ramassée sur elle-même, l'être vivant précédant son ombre – c'était un chien, et je le reconnus aussitôt : c'était Ponto. Avec une extrême lenteur et une extrême prudence, visiblement prêt à fuir au moindre bruit, Ponto s'approchait en reniflant de la maison de Limpley ; on aurait dit – je ne sais pourquoi cette idée me traversa comme un éclair – qu'il cherchait à glaner quelque information, car cela n'avait rien de ces explorations tranquilles et sans but précis des chiens qui cherchent une piste ; quelque chose dans son comportement faisait penser à l'attitude de qui se livre à des activités illicites ou fomente quelque mauvais coup. Par exemple, il ne gardait pas la gueule plaquée au sol pour renifler, il n'avançait pas les muscles au repos, il se propulsait en avant, le ventre presque plaqué à terre de façon à être moins visible, exactement comme un chien de chasse s'approche de sa proie. Je me courbai instinctivement pour mieux l'observer. Mais sans doute avais-je malencontreusement heurté la fenêtre et fait un peu de bruit, car d'un bond silencieux, Ponto avait disparu dans l'obscurité. On aurait dit que tout n'était qu'un rêve. Le jardin était de nouveau désert, blanc, lumineux, immobile dans la lumière de la lune.

Je ne sais pourquoi, mais j'eus honte d'en parler à mon mari ; ce pouvait très bien n'avoir été qu'une illusion des sens. Mais lorsque le lendemain matin je rencontrai dans la rue la bonne des Limpley, je lui demandai en passant si elle n'avait pas revu Ponto ces derniers temps. Elle eut l'air inquiète et un peu gênée ; ce n'est que sur mes instances qu'elle m'avoua l'avoir rencontré plusieurs fois, et dans des circonstances étranges. À vrai dire, elle n'aurait su l'expliquer, mais elle avait peur de lui. Quatre semaines auparavant, me dit-elle, elle était allée en ville avec le landau et avait soudain entendu des aboiements épouvantables ; depuis la voiture du boucher qui passait dans la rue, Ponto avait hurlé contre elle ou plutôt, croyait-elle, contre le landau transportant l'enfant, et il se préparait à bondir. Heureusement, le fourgon était passé si vite qu'il n'avait pu se risquer à sauter, mais ses aboiements furieux lui avaient glacé la moelle des os. Bien entendu, elle n'en avait pas averti Mr. Limpley. Cela n'aurait fait que l'inquiéter inutilement, et puis elle s'était dit que le chien était en lieu sûr à Bath. Mais récemment, un après-midi, comme elle s'apprêtait à aller chercher quelques bûches dans la vieille remise à bois, quelque chose y avait bougé dans le noir ; elle allait pousser un cri de frayeur quand elle avait vu que c'était Ponto qui s'était caché là, et il s'était aussitôt esquivé par la haie dans notre jardin. Depuis, me dit-elle, elle le soupçonnait de se cacher souvent dans le coin ; il devait aussi errer autour de la maison la nuit, car récemment, après un gros orage qui avait eu lieu dans la nuit, elle avait nettement vu des traces de pattes sur le sable mouillé, et ces traces disaient clairement qu'il avait fait plusieurs fois le tour de la maison. Il ne s'était toutefois jamais montré ouvertement ; il se faufilait sans doute seulement en cachette à travers notre haie ou celle des voisins dès qu'il était sûr que personne ne l'observait. Est-ce que j'envisageais qu'il pût vouloir revenir ? Mr. Limpley ne le laisserait jamais rentrer dans la maison, et il ne pouvait tout de même pas avoir faim chez un boucher, et puis, sinon, il aurait commencé par venir la voir dans la cuisine pour lui quémander quelque chose. En tout cas, me dit-elle, ces allées et venues furtives la mettaient mal à l'aise. Est-ce que je ne pensais pas qu'il faudrait tout de même qu'elle en dise un mot à Mr. Limpley ou au moins à sa femme ? Après avoir réfléchi, nous convînmes, s'il devait se montrer encore une fois, de prévenir son nouveau maître, le boucher, afin qu'il mette fin aux étranges visites de Ponto ; quant à Limpley, nous ne voulûmes pas dans un premier temps lui rappeler l'existence de l'animal abhorré.

Je crois que c'était une erreur de notre part, car peut-être – qui peut le dire ? – qu'aurait été évité ce qui se produisit le dimanche suivant, ce dimanche effroyablement inoubliable. Mon mari et moi nous étions rendus chez les Limpley et nous étions assis sur de légers sièges de jardin, devisant sur la petite terrasse du bas dont partait ensuite en pente assez raide la prairie qui descendait jusqu'au canal. Le landau était installé à côté de nous, sur cette même terrasse plate couverte de gazon ; nul besoin de dire que ce père idolâtre se levait toutes les cinq minutes au beau milieu de la conversation pour s'émerveiller devant l'enfant. Après tout, c'était devenu une enfant adorable, et elle était effectivement ravissante en cet après-midi baigné de lumière dorée, à rire ainsi au ciel depuis l'ombre de la capote ouverte du landau, clignant de ses yeux bleus, et tendant ses petites mains encore un peu gauches vers les cercles que le soleil dessinait sur sa couverture – son père en était transporté, comme si jamais encore ne s'était produit tel miracle de la raison, et nous lui faisions le plaisir de faire comme si nous n'avions nous non plus jamais rien vu de tel. Cette scène, la dernière scène heureuse, est restée pour toujours ancrée dans ma mémoire. Puis, depuis la terrasse supérieure, à l'ombre de la véranda, Mrs. Limpley nous cria de venir prendre le thé. Limpley rassura la petite comme si elle pouvait le comprendre : « Tout de suite ! Nous revenons tout de suite ! » Nous laissâmes le landau et l'enfant sur la jolie pelouse protégée du soleil le plus ardent par un rafraîchissant toit de verdure et il nous fallut quelques minutes pour parcourir lentement la distance – il y avait une vingtaine de mètres à peu près entre la terrasse du bas et celle du haut, soustraites à la vue l'une de l'autre par une pergola couverte de roses – qui nous séparait de l'endroit habituel où nous prenions le thé, à l'ombre. Nous bavardions, et je n'ai pas besoin de préciser de quoi nous bavardions : Limpley était extraordinairement gai, mais cette fois sa gaieté, rapportée au bleu soyeux du ciel et à la paix dominicale qui régnait à l'ombre de cette maison bénie, ne semblait pas injustifiée ; elle n'était qu'une sorte de reflet humain de cette journée estivale comme il en est peu.

Soudain nous fûmes saisis de frayeur. On entendait venant du canal des cris d'effroi stridents, des voix d'enfants et des hurlements de terreur de femmes. Nous dévalâmes le talus vert, Limpley en tête. Sa première pensée avait été pour l'enfant. Mais à notre grand effroi, la terrasse du bas, où quelques minutes auparavant nous avions laissé le landau et l'enfant à son demi-sommeil enjoué, en parfaite sécurité, était déserte, et les cris venant du canal se faisaient plus stridents et angoissés. Nous pressâmes le pas. Sur l'autre rive, serrées les unes contre les autres, quelques femmes avec leurs enfants gesticulaient, les yeux rivés sur le canal. Là, renversé dans l'eau, on voyait flotter le landau que nous avions laissé paisiblement et parfaitement en sécurité dix minutes auparavant sur la terrasse du bas. Un homme avait déjà détaché une barque pour sauver l'enfant, un autre avait plongé dans l'eau. Mais tout cela vint trop tard. Il fallut un quart d'heure pour qu'on parvienne à sortir le corps de l'enfant de l'eau stagnante encombrée d'algues vertes.

Je ne saurais décrire le désespoir des infortunés parents. Ou plutôt, je n'essaierai même pas de le décrire, car de toute ma vie je voudrais ne plus jamais repenser à ces moments terribles. Informé par téléphone, un commissaire de police se présenta pour déterminer comment cet événement atroce s'était produit. S'il s'agissait de négligence de la part des parents, ou alors d'un accident ou d'un crime. On avait depuis longtemps tiré de l'eau le landau qui y flottait, et sur les indications du commissaire, on le plaça exactement à son ancien emplacement sur la terrasse du bas. Puis le *chief constable* en personne vérifia si le landau était susceptible de descendre de lui-même le talus si on le poussait légèrement. Mais les roues bougèrent à peine dans l'herbe haute et drue. Il était donc exclu qu'un coup de vent par exemple ait pu causer une dégringolade aussi soudaine depuis le terrain parfaitement plat. Le commissaire fit un deuxième essai et poussa cette fois un peu plus fort. La voiture roula sur un demi-pas puis s'immobilisa. Or la terrasse faisait au moins sept mètres de large et la voiture – les traces de roues l'attestèrent – était installée dans une position stable et sûre, à bonne distance de la déclivité. Il fallut que le commissaire se précipite sur la voiture en prenant vraiment de l'élan pour que le landau avance le long de la colline et se mette à la dévaler. Il y avait donc forcément eu quelque chose d'imprévu qui avait soudain mis en branle la voiture. Mais qui, ou quoi ? C'était bien là le mystère. Le commissaire de police ôta son képi de son front couvert de sueur et passa sa main dans ses cheveux en bataille, en proie à une perplexité croissante. Il ne comprenait pas. Était-il jamais arrivé qu'un objet – ne fût-ce qu'un ballon – eût de lui-même dévalé la pente depuis la terrasse ? « Non ! Jamais ! » assurèrent toutes les personnes présentes. Est-ce qu'il y avait eu un enfant dans le coin ou dans le jardin, un enfant qui aurait pu peut-être avoir joué impétueusement avec le landau ? Non ! Personne ! Ou alors est-ce que quelqu'un s'était trouvé dans le coin ? Non ! Personne ! La porte du jardin était fermée et aucun des promeneurs qui se trouvaient près du canal n'avait vu arriver ni s'éloigner quiconque. La seule personne qui pût être considérée comme un témoin véritable était l'ouvrier qui avait sauté dans l'eau avec détermination pour sauver l'enfant ; or, trempé et encore bouleversé, il ne put dire qu'une chose : sa femme et lui étaient en train de se promener au bord du canal sans se douter de rien. Soudain, la voiture d'enfant avait déboulé du talus du jardin, de plus en plus vite, et s'était aussitôt renversée dans l'eau. Comme il croyait avoir vu un enfant flotter dans l'eau, il s'était précipité, s'était débarrassé de sa veste et avait essayé de le tirer de l'eau, mais à cause des algues enchevêtrées il n'avait pas avancé aussi vite qu'il l'avait espéré. Il n'en savait pas davantage.

Le désarroi du commissaire allait croissant. Jamais encore il n'avait rencontré de cas si indémêlable. Il n'arrivait tout bonnement pas à s'expliquer comment la voiture avait pu être mise en mouvement. La seule possibilité était que l'enfant ait pu peut-être se dresser ou se déporter brusquement sur le côté de sorte que le landau, léger, eût été déséquilibré. Mais ce n'était guère crédible, et lui, tout du moins, ne parvenait pas bien à le concevoir. Est-ce que peut-être l'un de nous aurait une autre hypothèse ?

Je tournai instinctivement les yeux vers la bonne. Nos regards se rencontrèrent. Nous pensâmes toutes deux la même chose à la même seconde. Nous savions toutes deux que le chien nourrissait pour l'enfant une haine mortelle. Nous savions que les derniers temps il s'était à plusieurs reprises sournoisement caché dans le jardin. Nous savions qu'il avait bien souvent poussé des corbeilles de linge dans le canal en leur donnant un coup méchant. Toutes deux – je le vis au tressaillement inquiet et blême de ses lèvres – soupçonnions pareillement que l'animal devenu retors et haineux, entrevoyant enfin une occasion de vengeance, à peine avions-nous laissé l'enfant seule pendant quelques minutes, s'était glissé hors de sa cachette et, d'un coup de tête sauvage et rapide, avait poussé le landau et son rival abhorré en direction du canal pour s'enfuir ensuite aussi silencieusement que d'ordinaire. Mais aucune de nous ne formula son soupçon. Je savais que la simple idée qu'il aurait pu sauver son enfant s'il avait tué sur le moment l'animal pris de folie aurait plongé Limpley dans la folie. Et puis… en dépit de tous ces indices logiques, il nous manquait la preuve ultime, factuelle. Ni nous ni les autres n'avions vu s'approcher ou s'enfuir furtivement le chien cet après-midi-là. La remise à bois, sa cachette favorite – j'allai aussitôt vérifier – était parfaitement vide, la terre sèche ne portait pas la moindre trace de son passage, nous n'avions pas entendu ne serait-ce que le commencement de ces aboiements sauvages que Ponto faisait toujours retentir d'ordinaire quand il avait poussé une corbeille dans le canal. Nous ne pouvions donc pas affirmer que c'était lui. Ce n'était qu'une présomption lancinante, cruellement lancinante. Ce n'était qu'un soupçon légitime, atrocement légitime. Mais il manquait la certitude, la certitude inébranlable.

Et pourtant, à compter de cette heure, je ne parvins plus à me défaire de cet horrible soupçon – au contraire, il se conforta encore au cours des jours qui suivirent, et devint presque certitude. Ce fut une semaine plus tard – la pauvre enfant était enterrée depuis longtemps, les Limpley avaient quitté la maison, incapables de supporter le spectacle du canal fatal – que se produisit quelque chose qui m'affecta profondément. J'avais quelques courses à faire à Bath pour notre maison ; soudain, je sursautai : à côté de la voiture du boucher, je vis s'avancer tranquillement Ponto à qui j'avais pensé inconsciemment pendant toutes ces heures d'horreur, et au même instant il me vit. Il s'immobilisa aussitôt et je fis de même. C'est alors que se produisit ce qui m'oppresse l'âme aujourd'hui encore : tandis qu'au cours de toutes ces semaines, depuis sa disgrâce, je n'avais plus jamais vu Ponto que profondément égaré et qu'il avait évité toute rencontre, timoré, le regard fuyant, l'échine basse, il dressa cette fois posément la tête et me regarda – je ne saurais le dire autrement – avec une décontraction fière, assurée ; il était redevenu du jour au lendemain l'animal fier et orgueilleux d'autrefois. Il persista une minute dans cette attitude provocatrice. Puis il traversa la rue, un balancement dans les cuisses, dansant presque devant moi avec une aménité feinte, et s'arrêta à un pas de moi, comme s'il voulait dire : « Eh bien, me voilà ! Qu'as-tu à me dire ou à me reprocher ? »

J'étais comme paralysée. Je n'eus pas la force de le repousser, pas la force de supporter ce regard souverain, je dirais presque satisfait. Je me dépêchai de continuer mon chemin. Dieu me garde d'accuser indûment d'un crime un chien, sans parler d'un homme. Mais depuis lors, je ne peux me défaire de cette pensée atroce : « C'était lui. Il l'a fait. »

Composition Nord Compo
Impression Novoprint
à Barcelone, le 18 janvier 2018
Dépôt légal : janvier 2018
1er dépôt légal dans la collection : juillet 2016

ISBN 978-2-07-079365-5./Imprimé en Espagne.

331420